MA POUPÉE

SAYNÈTE

DU MÊME AUTEUR

LE TOUR DU MONDE D'UN TROUPIER . . . . . 1 vol.

CHARLOT S'AMUSE, 16e édit. . . . . 1 vol.

UNE FEMME A BORD, 3e édit. . . . . 1 vol.

AU TONKIN, 2e édit. . . . . 1 vol.

AUTOUR DE LA CASERNE, 4e édit. . . . . . . 1 vol.

THÉATRE :

AU BORD DU FOSSÉ, 1 acte en prose.

EN PRÉPARATION :

A LA MER . . . . 1 vol.

PAR L'ALCOVE. . . . . 1 vol.

Imprimerie Générale de Châtillon-sur-Seine. — A. Pichat.

PAUL BONNETAIN

MA POUPÉE

SAYNÈTE

Créée par Madame **JEANNE MAY**

PARIS
TRESSE, ÉDITEUR
8, 9, 10, 11, GALERIE DU THÉATRE-FRANÇAIS
PALAIS-ROYAL

1885

MA POUPÉE

A Madame Jane May.

C'est demain qu'on me marie!... Oui, c'est demain
que la petite Suzette devient madame de Nancy. Madame!... comme cela sonne bien! Fini mademoiselle.
Plus de petite Suzette! fini, n i, fini!.... Eh bien, j'ai
beau avancer les lèvres, me donner l'air désolé : je ne
suis pas si désolée que ça! On ne peut pas toujours
rester petite fille ou demoiselle... Non! on ne peut
pas; car enfin, si maman n'avait pas épousé papa,
moi je n'épouserais pas demain M. de Nancy!..... Il
ne ressemble pas à papa M. de Nancy !..... Et puis, ce
n'est pas toujours drôle de demeurer Suzon ou Suzette, quand on a une sœur mariée. Car, j'ai une sœur
mariée, et mariée depuis longtemps; une grande sœur,
mon aînée de dix ans. Même je suis tante de deux
bébés. — Oh! deux amours de bébés..... des bébés
comme je voudrais en avoir..... plus tard!.... — Non

ce n'est pas drôle : vous êtes comme un petit zéro.
On a beau allonger vos robes, puis les décolleter : cela
ne fait rien ; vous restez la petite Suzon ! C'est gentil
d'être appelée Suzon ou Suzette, mais, « mademoiselle
Suzanne » c'est plus joli. C'est le même nom, si vous
voulez, mais quelle différence ! Dites un peu voir cela
devant des étrangers et vous jugerez ! Tenez, quel-
qu'un est en visite chez une dame, un monsieur, — un
monsieur jeune..... Il demande :

— Vous avez des enfants, madame?

— Oui, monsieur, j'ai une fille, mariée, puis j'ai ma
petite Suzette...

Le monsieur fait : « Ah! » ou bien, laisse tomber
une de ces niaiseries chères à tous les jeunes gens qui
vont dans le monde, aux valseurs surtout, — je ne
parle pas de M. de Nancy !... — et c'est tout! Jamais,
il ne sollicite l'honneur d'être présenté ! Que voulez-
vous que lui représentent ces mots : « petite Suzanne »?
Il s'imagine une gamine, une pensionnaire en robe
courte avec de l'encre aux doigts et jouant au vo-
lant! Ah! si vous n'avez pas de sœur, c'est autre
chose! pour tout le monde vous êtes mademoiselle
Suzanne, gros comme le bras! Attendez : il ne faut pas
croire que je sois jalouse de ma sœur; oh! non! je
l'aime bien trop ma grande! mais les aînées sont toujours bien contentes de se montrer... les aînées !...

Mariées, c'est pour le plaisir de bien marquer leur su-
périorité, de donner des leçons, de dire : « Mon mari, ma
femme de chambre »... en faisant sonner les syllabes!
Ah non, je ne suis pas jalouse!... Certes, j'ai beaucoup
de défauts,... oh! des petits défauts sans consé-
quence !... mais pas celui de la jalousie. D'abord à la

place de ma sœur... j'en aurais fait autant... Oh! je suis franche, moi!

N'allez pas croire que je me plaigne. D'abord je suis trop contente! Et l'on a été si gentil pour moi! Tout le monde! tout le monde! depuis le jardinier, jusqu'à ma vieille Madeleine! Pauvre Madelon! elle a pleuré comme sa patronne le jour où M. de Nancy m'a demandée!... Je ne parle pas de la corbeille, mais, d'hier, après le contrat quand il m'a pris la main... J'ai presque senti sa moustache... A propos : il a des cols qui ne lui vont pas... je lui ferai changer ça.....

Non, je ne me plains pas : seulement je bavarde, je bavarde... et je ne sais pas trop ce que je dis! Je suis comme ces conscrits dont parle papa : je m'excite pour être brave, je m'entraîne pour faire celle qui n'a pas peur..... Et ça ne réussit pas..... Eh bien, oui, na! j'ai peur, une peur énorme..... Quand je pense à..... demain, j'ai le cœur qui me bat comme un moulin..... Oh! il me bat!.....

Si j'osais..... il y a bien ma sœur..... mais je n'oserais jamais..... A présent c'est une incarnation nouvelle; elle joue les mamans! Elle est grave, elle est sérieuse : hier je n'ai pas pu rire devant elle; elle parlait tout bas comme chez une malade!... Est-ce que j'ai l'air si malade que ça?... Ah! pour avoir peur, j'ai bien peur! Il n'est pas rassurant M. de Nancy...

Vous ne le connaissez pas mon futur? C'est un grand, un grand brun, l'air très sérieux. Il a des moustaches très longues mais pas rudes... Il est très bien, mon futur! Et comme il danse! C'est au bal que je l'ai vu pour la première fois. Le mois d'après, avec maman nous sommes allées l'entendre au tribunal, car il est

avocat. Il plaidait pour un vilain homme qui avait
volé je ne sais plus quoi. Eh bien, c'est drôle, il n'était
plus le même avec sa robe et sa petite bavette..... Il
avait l'air sévère..... Oh! sévère..... Puis, il nous vit,
maman et moi, et il nous adressa un petit bonjour
en souriant mais tout en continuant son discours.....
Il parle très bien..... Je n'ai rien compris de ce qu'il
disait, mais derrière moi il y avait des vieux messieurs
qui murmuraient : bravo, bravo, et sans que je sache
pourquoi, ça m'a fait plaisir. Seulement, depuis, je le
vois toujours avec sa robe et sa toque..... Il ne va pas
porter cela demain au moins? Les avocats, ça ne se
marie pas en uniforme! Ah! non..... je ne pourrais
pas d'abord : c'est trop vilain cette robe!..... Et puis
je le trouve assez sévère déjà...

Avec Henri, mon beau-frère, je n'étais pas ainsi. Je
ne le trouvais pas sévère, — mais là, pas sévère du tout.
Avant la noce, je lui faisais déjà des niches..... Ah!
ce n'est pas avec Robert — il s'appelle Robert — que
j'oserais rire comme cela..... Il prenait bien tout,
Henri, et il m'embrassait tout le temps. Robert m'a
bien embrassée..... deux ou trois fois, mais ce n'est plus
la même chose..... Ah! rien que d'y penser!..... Mon
cœur ne bat plus comme un moulin : c'est deux moulins, trois moulins que j'ai là!... Les tic-tac me réson-
nent dans la tête et j'ai les joues qui me brûlent.....
Il n'y a pas à dire : j'ai peur! Je l'aime bien..... mais
j'ai peur tout de même!

Demain!..... c'est demain!.....

Non, je n'étais pas comme ça au mariage de ma
sœur. La veille je riais comme une folle. D'abord,
Henri m'avait rapporté de Paris une belle poupée qui

remuait les yeux, une merveille, et j'étais bien contente..... Ah! cette poupée! j'avais bien besoin de penser à ça... Figurez-vous..... Quel âge avais-je donc
alors?..... (*Elle compte sur ses doigts*)..... J'avais six
ans.

C'est par les domestiques que j'avais appris la première nouvelle du mariage de ma sœur, et j'étais fu-
rieuse.

Elle, la grande, pas moyen de l'approcher!

— Va donc jouer, Suzon !

Et elle me renvoyait au jardin.

Quant à papa et à maman, c'était bien pis. Ils m'em-
brassaient en pensant à autre chose. Toujours je les
dérangeais.

— Va donc jouer, Suzette!

Jusqu'à Henri que je trouvai un soir causant tout
bas avec ma sœur et qui me chassa :

— Va donc jouer, ma petite Suzette!

Ma petite Suzette ! je vous demande un peu! Je l'aurais griffé! Mais il était si gentil les autres jours!... Et
puis il m'avait donné une si belle poupée!.....

Voilà que quelque temps avant la noce, des ou-
vriers arrivent avec le tapissier de la Préfecture, et ils
se mettent à arranger la grande chambre du pre-
mier...

Naturellement me voilà surprise. Je demande à Madelon ce qu'on va faire ; elle me répond qu'ils prépa-
rent la chambre de M. Henri et de mademoiselle
Diane. — Diane, c'est ma sœur.

J'étais toute saisie. Je demande encore pourquoi
Diane ne continue pas à habiter sa chambre, mais Madelon, comme les autres, m'envoie jouer au jardin! Ah!

j'y étais joliment libre au jardin cette semaine-là!...

Cependant, plus le temps passait, et plus j'étais intriguée. C'était comme maintenant..... seulement je n'avais pas peur comme aujourd'hui !...

Le jour de la noce, je réussis enfin à entrer dans cette fameuse chambre. J'en sortis stupéfaite..... Le lit avait l'air d'un autel et la chambre d'une chapelle.

— Est-ce qu'on va dire la messe?... dis-je à Madelon.

Elle me fit descendre en me menaçant de demander à ma mère qu'on me couchât à huit heures, si je l'ennuyais encore. Alors..... vous savez, j'avais six ans!... me voilà plus curieuse que jamais et ne pensant plus qu'au moyen de découvrir ce qu'on me cachait..... J'étais comme aujourd'hui..... seulement aujourd'hui, je n'ose pas faire un pas et je voudrais que demain ne vînt jamais.....

Qu'est-ce que je dis là? Si, je voudrais au contraire.....

Mon Dieu! comme on est drôle quand on se marie!.....

Me voilà donc la tête en travail, cherchant un moyen d'apprendre..... Il faut vous dire que, malgré papa, au repas de noce, M. Henri m'avait fait boire un doigt de champagne.

A dix heures, on me fait embrasser tout le monde et Madelon m'emmène. Pas moyen de demander grâce.

Je monte à ma petite chambre située à côté de celle de maman et en face de la fameuse chambre, — la chapelle. Madelon me couche, m'embrasse et s'en va, mais je ne pouvais pas m'endormir..... Alors, comme je me tournais et me retournais dans mon lit, je sens ma

poupée contre moi, la poupée d'Henri que j'avais laissée
là, la pauvre! Je l'emportai, et en trois sauts sur la
pointe des pieds, j'entrai dans la chapelle. Je courus,
et, en moins d'un clin d'œil, avec le ruban de sa cein-
ture, j'attachai ma poupée..... à la tête du lit, entre le
bois et le mur! Puis je me sauvai, le cœur battant
bien fort, mais contente tout de même : Ma poupée,
au moins entendrait, elle!

Le lendemain matin, dès que je vis les mariés se
promener dans le jardin, — ils étaient bras dessus
bras dessous — je grimpai vite jusqu'à leur chambre.
Personne heureusement!

En deux sauts encore je fus au lit.....

Ah! oui j'ai peur, bien peur!.....

Je reculai avec un cri : ma poupée n'était plus là!

A force de chercher et de chercher, je la trouvai
tout de même; elle était par terre — sous le lit.

Et j'eus un gros crève-cœur : ma poupée était bles-
sée au menton. Son bonnet sur le nez, la peau écor-
chée, elle était laide! Tout à coup, comme je la pansais
avec mon mouchoir mouillé, comme je retroussais
son bonnet..... Oh!..... Je manquai de me trouver
mal: ma poupée avait perdu ses yeux qui remuaient
si bien, ma poupée était aveugle!!!.....

Certes, oui, j'ai peur.....

Ils sont jolis mes yeux. Si j'allais les perdre?.....

FIN